Petit monde vivant

LES FLEURS

Molly Aloian et Bobbie Kalman
Traduction de Marie-Josée Brière

Les fleurs est la traduction de *The Life Cycle of a Flower* de Molly Aloian et Bobbie Kalman (ISBN 978-0-7787-0697-7).
© 2004, Crabtree Publishing Company, 616 Welland Ave., St. Catharines, Ontario, Canada L2M 5V6

Catalogage avant publication de Bibliothèque et Archives nationales du Québec et Bibliothèque et Archives Canada

Aloian, Molly

   Les fleurs

   (Petit monde vivant)
   Traduction de: The life cycle of a flower.
   Comprend un index.
   Pour enfants de 6 à 10 ans.

   ISBN 978-2-89579-366-3

1. Fleurs - Cycles biologiques - Ouvrages pour la jeunesse. 2. Fleurs - Ouvrages pour la jeunesse. I. Kalman, Bobbie, 1947- . II. Titre. III.
Collection : Kalman, Bobbie, 1947- . Petit monde vivant.

QK731.A4614 2011   j582.13   C2010-942581-2

Recherche de photos
Crystal Foxton

Conseillère
Patricia Loesche, Ph.D., Programme de comportement animal, Département de psychologie, Université de Washington

Photos
© Dwight R. Kuhn : pages 14, 17, 22 et 23
Robert McCaw : pages 9 (en bas), 19 et 21 (en haut à gauche)
Tom Stack & Associates : Jeff Foott : page 8 ; Brian Parker : page 30
Autres images : Corbis Images, Digital Stock et Digital Vision

Illustrations
Barbara Bedell : page couverture (feuilles, en haut et en bas), quatrième de couverture, bordure, pages 6 (sauf rose), 18, 20, 23, 24 et 27 (en haut à droite et en bas)
Margaret Amy Reiach : pages 12 (en bas, à gauche et à droite), 13, 15, 19 et 31
Bonna Rouse : page couverture (tiges, à gauche et à droite), pages 5, 6 (rose), 7, 11, 12 (au milieu à droite), 14, 22, 25, 27 (en haut à gauche) et 29

Nous reconnaissons l'aide financière du gouvernement du Canada par l'entremise du Fonds du livre du Canada (FLC) pour des activités de développement de notre entreprise.

Conseil des Arts du Canada   **Canada Council for the Arts**

Bayard Canada Livres inc. remercie le Conseil des Arts du Canada du soutien accordé à son programme d'édition dans le cadre du Programme des subventions globales aux éditeurs.

Cet ouvrage a été publié avec le soutien de la SODEC. Gouvernement du Québec – Programme de crédit d'impôt pour l'édition de livres – Gestion SODEC.

Dépôt légal – Bibliothèque et Archives nationales du Québec, 2011
Bibliothèque et Archives Canada, 2011

Direction : Andrée-Anne Gratton
Graphisme : Mardigrafe
Traduction : Marie-Josée Brière
Révision : Johanne Champagne

© Bayard Canada Livres inc., 2011
4475, rue Frontenac
Montréal (Québec)
Canada H2H 2S2
Téléphone : 514 844-2111 ou 1 866 844-2111
Télécopieur : 514 278-0072
Courriel : **edition@bayardcanada.com**
Site Internet : **www.bayardlivres.ca**

Imprimé au Canada

Table des matières

Qu'est-ce qu'une fleur?

Les fleurs sont les **organes reproducteurs** d'un groupe de plantes appelées **angiospermes**, ou «plantes à fleurs». Comme tous les végétaux, les plantes à fleurs sont des organismes vivants. Elles fabriquent leur propre nourriture à partir de l'air, de la lumière et de l'eau qui les entourent. Elles produisent aussi des graines. Certaines de ces plantes n'ont qu'une fleur à la fois, mais beaucoup en ont plus. Il y a des plantes à fleurs sur la Terre – et des fleurs colorées – depuis plus de cent millions d'années!

Gros plan sur une fleur

Toutes les plantes à fleurs se composent des mêmes éléments : des racines, des tiges, des feuilles et des fleurs. Chacun de ces éléments a son rôle à jouer. Et tous doivent travailler ensemble pour aider la plante à survivre.

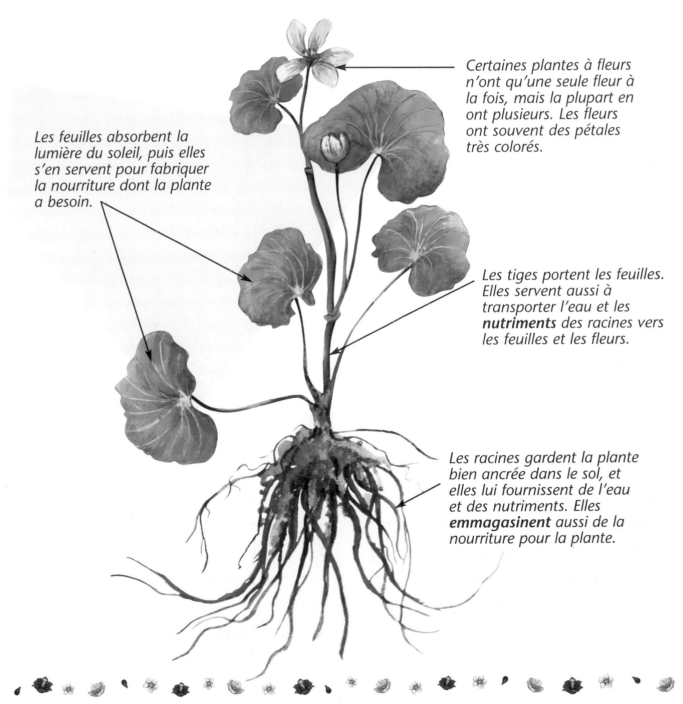

Certaines plantes à fleurs n'ont qu'une seule fleur à la fois, mais la plupart en ont plusieurs. Les fleurs ont souvent des pétales très colorés.

Les feuilles absorbent la lumière du soleil, puis elles s'en servent pour fabriquer la nourriture dont la plante a besoin.

Les tiges portent les feuilles. Elles servent aussi à transporter l'eau et les **nutriments** des racines vers les feuilles et les fleurs.

Les racines gardent la plante bien ancrée dans le sol, et elles lui fournissent de l'eau et des nutriments. Elles **emmagasinent** aussi de la nourriture pour la plante.

Des fleurs magnifiques

On retrouve sur la Terre plus de 275 000 espèces différentes d'angiospermes, qui portent des fleurs très variées. Certaines de ces fleurs sont toutes petites, alors que d'autres peuvent atteindre plus de 30 centimètres de diamètre. Voici quelques fleurs de couleurs, de grosseurs et de formes différentes.

ancolie du Canada

trille ondulé

rose

saxifrage des neiges

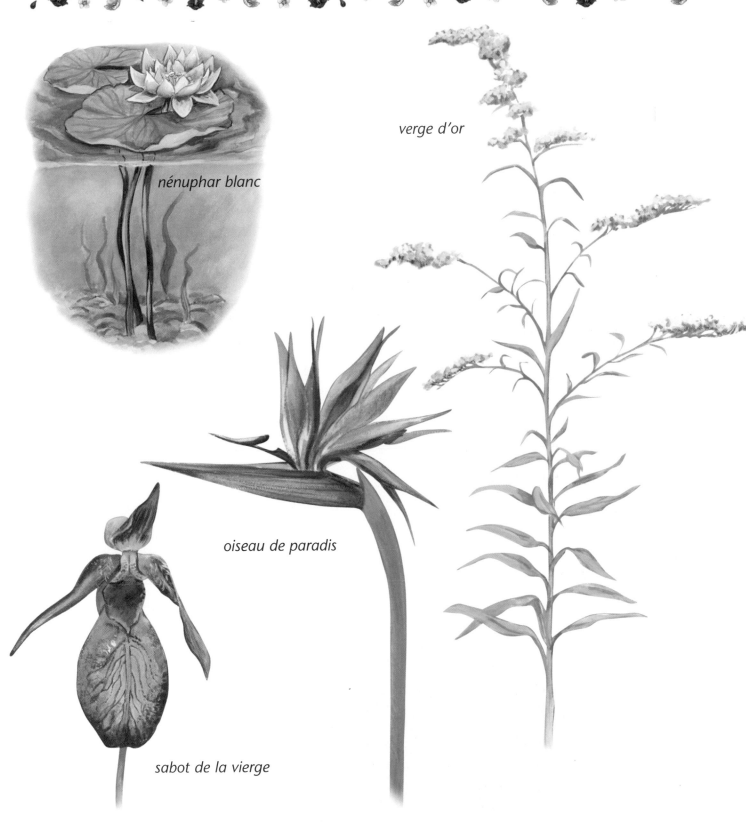

nénuphar blanc

verge d'or

oiseau de paradis

sabot de la vierge

Où poussent les fleurs?

Ces myosotis poussent sur les versants d'une montagne. Ils poussent près du sol pour se protéger des vents violents qui soufflent sur la montagne.

Les plantes à fleurs occupent des habitats très différents. Un habitat, c'est un endroit où vivent des plantes et des animaux. Il se caractérise par la quantité de pluie et de soleil qu'il reçoit, ainsi que par le type de sol qu'on y trouve. Les forêts pluviales, les savanes et les déserts, par exemple, sont des habitats.

Faites pour survivre

Les plantes à fleurs sont bien adaptées à leur habitat. On en retrouve à peu près partout sur la Terre. Dans les régions très froides, comme l'Arctique, ces plantes ont de toutes petites fleurs couvertes de poils fins. Ces poils les aident à garder leur chaleur. Dans le désert, où le climat est chaud et sec, les plantes à fleurs conservent souvent de l'eau dans leurs tiges. Elles ont généralement des feuilles minuscules, ou alors pas de feuilles du tout. Elles perdent ainsi moins d'eau parce que l'eau s'évapore par les feuilles des plantes.

La vie dans l'eau

Les plantes à fleurs **aquatiques**, comme les nénuphars, poussent souvent près des rives des lacs, des étangs ou des ruisseaux. Ces plantes ont généralement de longues tiges ancrées au fond de l'eau, tandis que leurs feuilles et leurs fleurs flottent à la surface. Les feuilles contiennent de minuscules poches d'air qui les aident à flotter.

Les nénuphars ont de grandes feuilles qui flottent à la surface de l'eau. Ces feuilles sont couvertes d'une couche qui ressemble à de la cire. Ainsi, l'eau ne les endommage pas.

Le figuier de Barbarie est une espèce de cactus qui vit dans le désert. Ses grandes tiges plates, appelées « raquettes », lui permettent d'emmagasiner de l'eau.

Qu'est-ce qu'un cycle de vie?

*La rose du désert est une plante **arbustive** dont les fleurs apparaissent après la chute des feuilles.*

Tous les organismes vivants passent par une série de changements au cours de leur existence. C'est ce qu'on appelle un «cycle de vie». Chaque plante à fleurs commence sa vie à l'état de graine, qui grossit et se transforme pour devenir une plante. Quand la plante arrive à **maturité,** elle peut produire des graines à son tour. Chaque fois qu'une graine commence à pousser, un nouveau cycle de vie commence.

L'espérance de vie

L'espérance de vie des plantes à fleurs, c'est la durée moyenne de leur existence. Elle varie selon les types de plantes. Les annuelles vivent un an seulement; c'est la durée de leur cycle de vie. Les bisannuelles vivent au moins deux ans: elles ne font que des feuilles la première année, et leurs fleurs poussent la deuxième année. Quant aux vivaces, elles vivent trois ans ou plus. Certaines peuvent vivre de 20 à 30 ans… ou même des centaines d'années!

Le cosmos est une annuelle. Comme beaucoup d'autres annuelles, il pousse très vite au printemps et en été, et il meurt à l'automne.

Le cycle de vie d'une plante à fleurs

Le cycle de vie des plantes à fleurs commence dans une graine. Quand cette graine **germe,** de petites feuilles qu'on appelle « **cotylédons** » apparaissent au-dessus du sol. Ces cotylédons fabriquent et emmagasinent la nourriture nécessaire à la jeune plante en croissance, qui porte alors le nom de « plantule ».

Après un certain temps, un **bouton** se forme sur la tige et s'ouvre lentement. Les vraies feuilles de la plante commencent alors à pousser à leur tour, et les cotylédons tombent. La plante est maintenant à maturité et peut produire des graines à son tour. Chacune de ces graines deviendra une nouvelle plante.

graine

plante à maturité

plantule

À partir d'une graine

Les graines des plantes à fleurs peuvent être de grosseurs, de couleurs et de formes variées. Certaines fleurs produisent beaucoup de graines, et d'autres n'en produisent que quelques-unes.

À l'intérieur de la graine

Chaque graine contient un embryon de plante ; c'est une minuscule fleur qui n'est pas encore formée. La graine contient aussi la nourriture nécessaire à cet embryon.

L'embryon est protégé par une enveloppe dure appelée « tégument ». Pour pouvoir se développer, il doit absorber de l'eau à travers ce tégument. La germination peut durer de 7 à 120 jours. La plupart des graines, comme la graine de tournesol qu'on voit ci-dessous, germent en 15 à 30 jours.

Le minuscule embryon absorbe de l'eau et se gonfle jusqu'à ce que le tégument de la graine se fende et se détache.

tégument

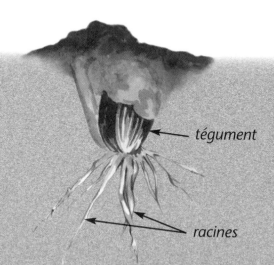

tégument

racines

Les jeunes racines s'enfoncent dans le sol pour trouver de l'eau et pour soutenir la plantule pendant qu'elle pousse. Pendant ce temps, la plantule fait son chemin vers la surface.

Au bon moment

Les graines ne commencent pas nécessairement à pousser tout de suite. Elles doivent attendre d'avoir suffisamment d'espace, d'eau et de lumière. Beaucoup de graines restent donc inactives, ou « en dormance », en attendant les conditions nécessaires à leur développement. Elles sont souvent en dormance pendant l'hiver et commencent à pousser au printemps. Certaines peuvent même rester en dormance dans le sol pendant des années !

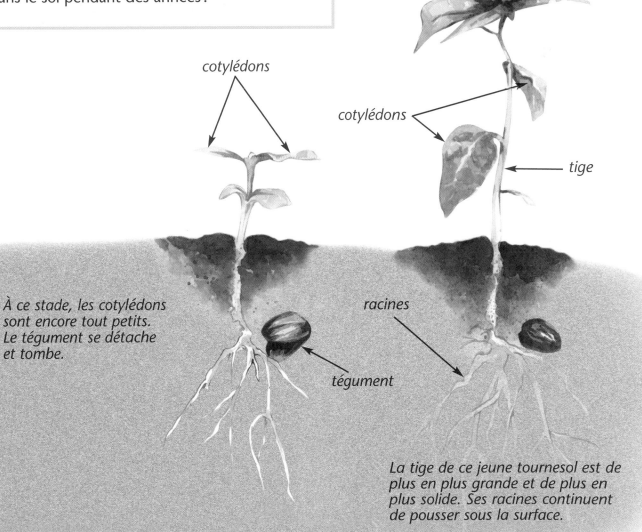

cotylédons

cotylédons

tige

À ce stade, les cotylédons sont encore tout petits. Le tégument se détache et tombe.

racines

tégument

La tige de ce jeune tournesol est de plus en plus grande et de plus en plus solide. Ses racines continuent de pousser sous la surface.

Les plantules

Une fois que la graine a germé et que les cotylédons apparaissent au-dessus du sol, la petite plante porte le nom de « plantule ». Au cours de l'été, la tige de la plantule s'allonge et se redresse. Les cotylédons sont de plus en plus larges et de plus en plus longs. Ils fabriquent de la nourriture pour la plantule en absorbant la lumière du soleil. Pendant leur croissance, ils deviennent souvent d'un vert vif.

Les cotylédons

Les cotylédons peuvent avoir différentes formes. Certains sont longs et étroits, alors que d'autres sont ronds ou en forme de cœur. Souvent, ces feuilles tombent une fois que les vraies feuilles ont commencé à se développer.

Ce jeune souci aura plus de 40 centimètres de haut quand il aura terminé sa croissance.

L'énergie du soleil

Comme les plantes à maturité, les plantules se servent de l'énergie du soleil pour fabriquer leur nourriture. C'est ce qu'on appelle la « photosynthèse ». Ce mot est formé de deux mots : « photo », qui désigne la lumière, et « synthèse », qui veut dire « combinaison ».

Vive la lumière !

Dès que leurs feuilles sont assez grandes pour absorber la lumière du soleil, les plantes commencent à fabriquer de la nourriture. Elles ont besoin non seulement de lumière, mais aussi de **gaz carbonique**, qu'elles trouvent dans l'air. Elles produisent leur nourriture en combinant ce gaz avec de l'eau, grâce à l'énergie du soleil. Cette nourriture s'appelle du « glucose ». C'est une sorte de sucre.

lumière du soleil

*En fabriquant de la nourriture, les feuilles libèrent de l'**oxygène** dans l'air.*

Les feuilles laissent échapper aussi de minuscules gouttelettes d'eau ; c'est ce qu'on appelle de la « vapeur d'eau ».

Les feuilles captent le gaz carbonique de l'air qui les entoure.

eau

Les fleurs à maturité

Quand une plante à fleurs a complété son développement, on dit qu'elle a atteint la maturité. Elle porte alors des fleurs, qui sont ses organes reproducteurs. Ces fleurs s'ouvrent quand la plante est prête à se reproduire, c'est-à-dire à produire des graines. Elles sont souvent très colorées et peuvent avoir différentes formes. Par exemple, les fleurs du lis qu'on voit ci-dessus sont très grandes, en forme de trompettes. D'autres fleurs sont toutes petites et poussent en grappes serrées appelées «inflorescences». Une fois à maturité, les différentes espèces de plantes à fleurs ont aussi des feuilles de grosseurs et de formes différentes. Ces feuilles peuvent être longues, étroites et fines, ou encore larges et arrondies. La plupart des plantes à fleurs ont une solide tige droite.

À la fois mâles et femelles

Les plantes à fleurs se reproduisent à partir de graines. Les fleurs contiennent des parties mâles et des parties femelles qui leur permettent de fabriquer ces graines. Les parties mâles, ce sont les étamines. Certaines fleurs n'en ont qu'une seule, alors que d'autres en ont beaucoup. Le pistil, lui, est formé des parties femelles de la fleur. Il se termine par un **stigmate**.

Ovules et pollen

Chaque étamine produit des grains de pollen collant, qui contiennent des cellules mâles. Le pistil contient pour sa part des ovules, qui sont des cellules femelles. Les ovules sont enfermés dans l'**ovaire**, à la base du pistil. Ils doivent être **fécondés** par le pollen provenant d'une étamine pour devenir des graines.

La plupart des fleurs, comme la tulipe ci-dessus, contiennent à la fois des parties mâles et des parties femelles.

La pollinisation

Les fleurs ne peuvent pas produire de graines sans pollinisation. La pollinisation, c'est le transfert du pollen entre les étamines et le pistil. Il y a trois grands types de pollinisation : la pollinisation croisée, l'autopollinisation et la pollinisation par le vent.

*Pendant que ce papillon se nourrit de **nectar**, le pollen de cette fleur se colle sur son corps. Quand il s'envolera, il transportera ce pollen avec lui et le déposera sur la prochaine fleur qu'il visitera.*

La pollinisation croisée

La plupart des fleurs ne peuvent pas être fécondées par leur propre pollen ; elles doivent être pollinisées avec du pollen d'une autre fleur de la même espèce. Ce transfert de pollen d'une fleur à l'autre s'appelle « pollinisation croisée ». Il peut se faire de différentes manières. Les oiseaux et les insectes, par exemple, transportent du pollen sur leur corps en passant d'une fleur à l'autre.

L'autopollinisation

Certaines fleurs peuvent assurer leur propre pollinisation. C'est l'autopollinisation, ce qui veut dire que le pistil est fécondé par du pollen provenant de la même fleur. Comme les parties mâles et les parties femelles de ces fleurs sont très rapprochées, le pollen peut passer facilement des étamines au pistil.

Les oiseaux et les autres animaux qui transportent du pollen d'une plante à l'autre sont des « pollinisateurs ».

La pollinisation par le vent

Certaines plantes à fleurs, comme l'herbe à poux qu'on voit ci-dessus, sont pollinisées par le vent. Ces fleurs produisent des millions de grains de pollen microscopiques. Quand le vent souffle sur elles, il soulève ces minuscules grains de pollen et les transporte vers d'autres plantes. Les fleurs pollinisées par le vent ont rarement du nectar qui attire des insectes.

Pour attirer l'attention

Les fleurs qui doivent compter sur des pollinisateurs sont généralement très colorées et très parfumées. C'est leur façon de faire savoir aux pollinisateurs qu'elles contiennent du pollen ou du nectar pour eux.

Ça sent bon !

Le parfum des fleurs attire de nombreux pollinisateurs. Les fleurs qui s'ouvrent pendant la nuit sont souvent très parfumées. Le parfum marqué qu'elles dégagent aide les insectes à les repérer dans l'obscurité.

Un arc-en-ciel de couleurs

Les fleurs dont la pollinisation est assurée par des insectes ont souvent des pétales de couleurs vives – bleu, violet, mauve, rose ou jaune – qui se détachent sur le vert des plantes environnantes.

Ça sent... quoi ?

Quelques espèces de plantes à fleurs, comme le petit prêcheur ci-dessus, attirent des pollinisateurs même si elles ne sentent pas bon. Leurs fleurs ont plutôt une odeur de charogne ou, autrement dit, d'un animal en décomposition. Cette odeur désagréable attire les mouches qui se nourrissent d'animaux morts. En se posant sur ces fleurs, les mouches les pollinisent.

Suivez le guide

Certaines fleurs, comme les violettes, les iris et les orchidées, sont ornées de motifs qui pointent vers leur nectar. Ces motifs, qu'on appelle des « guides à nectar », dirigent les pollinisateurs vers le nectar des fleurs et aident ainsi à assurer leur pollinisation.

Une forme particulière

En raison de leur forme particulière, il y a des fleurs qui ne peuvent être pollinisées que par certains animaux. Certaines fleurs en forme de long tube, par exemple, ont besoin des colibris. Ces petits oiseaux au bec effilé sont capables d'aller chercher du nectar jusqu'au fond du tube. Pendant qu'ils se nourrissent, le pollen tombe des étamines sur leur tête, et les colibris le transportent ensuite jusqu'à la prochaine fleur sur laquelle ils iront se poser.

La production de graines

stigmate

Le pollen doit d'abord se déposer sur le stigmate de la fleur avant de pouvoir entreprendre son parcours vers l'ovaire, où il fécondera les ovules. Une fois que les ovules sont fécondés, la fleur peut produire des graines. Elle passe alors par une série de changements pendant que les graines se développent.

Dans le tube pollinique

Lorsque le pollen s'est déposé sur le stigmate de la fleur, un tube très fin, appelé «tube pollinique», se développe jusqu'à l'ovaire. Le pollen descend dans ce tube pour atteindre l'ovaire. Il féconde ensuite les ovules pour qu'ils puissent se transformer en graines.

Fleur fanée

Une fois que les ovules ont
été fécondés par le pollen,
la fleur n'a plus besoin
d'attirer des pollinisateurs.
Elle conserve donc
seulement les parties
qui lui sont encore
utiles. Ses pétales et
ses étamines se fanent
et tombent. Et l'ovaire se
gonfle autour des graines.

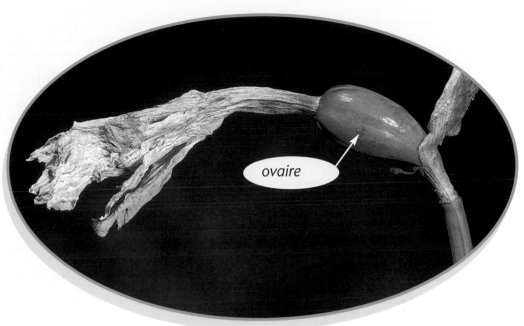

ovaire

De la fleur au fruit

L'ovaire continue de grossir et de se gonfler
pendant que les graines mûrissent. Il durcit
et s'épaissit pour protéger les graines qui se
développent à l'intérieur. Quand il a
fini de grossir et qu'il a atteint la
maturité, l'ovaire prend le nom
de « fruit ». Ce fruit contient
des graines qui donneront
plus tard de nouvelles
plantes à fleurs.

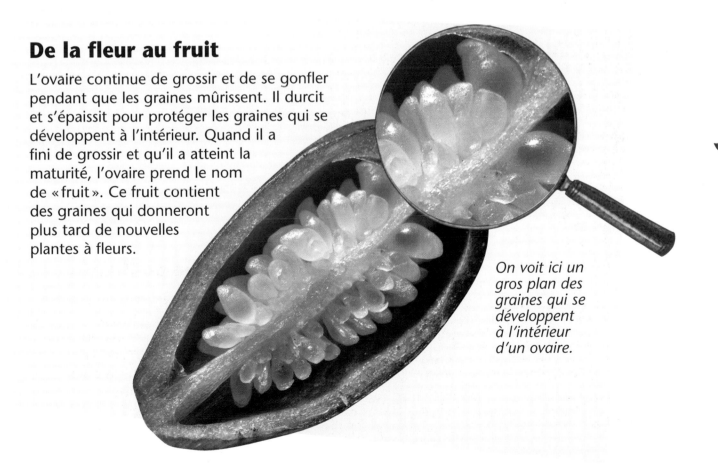

*On voit ici un
gros plan des
graines qui se
développent
à l'intérieur
d'un ovaire.*

La dissémination des graines

Quand les graines sont mûres, elles doivent être dispersées, c'est-à-dire être transportées dans un endroit où elles auront suffisamment de place pour se développer. C'est ce qu'on appelle la « dissémination ». Si les graines tombaient tout près de la plante qui les a produites, elles n'auraient peut-être pas assez d'espace pour que leurs racines s'installent et que leurs feuilles se déploient. La dissémination se fait de différentes manières selon les types de graines.

Les graines de ce nénuphar flotteront vers l'endroit où elles se développeront.

Au fil de l'eau

Les nénuphars et les autres plantes aquatiques ont de petites graines qui flottent jusqu'à l'endroit où elles germeront. Les graines des nénuphars sont couvertes d'une couche de gelée qui les aide à se disperser à la surface des lacs et des étangs. Quand la température se réchauffe, au printemps, cette gelée fond. Les graines tombent alors au fond de l'eau, où elles commencent à se développer.

De l'aide des animaux

Certaines plantes à fleurs dépendent des animaux pour disperser leurs graines. Quand un écureuil mange une graine, par exemple, il la transporte avec lui à l'intérieur de son corps. La graine sera ensuite expulsée dans les excréments de l'animal et pourra commencer à pousser.

Sur les ailes du vent

Les fleurs dont les graines sont toutes petites et très légères comptent le plus souvent sur le vent pour se reproduire. Quand le vent souffle dans les jardins ou dans les champs où ces fleurs poussent, il transporte leurs graines et les disperse.

En parachute

Les graines d'asclépiade, comme celles qu'on voit à droite, sont rattachées à une touffe de petits poils soyeux. Quand le vent les emporte, ces poils leur servent de parachute qui aide à les transporter un peu plus loin.

Tout près

D'autres graines se dispersent sans aide. Elles se détachent tout simplement des fleurs fanées et tombent sur le sol, tout près de la plante mère. Si cette plante est haute ou volumineuse, les graines vont parfois se déposer un peu plus loin.

Chaque plant d'asclépiade contient des centaines de graines. Chacune de ces graines est munie d'un petit « parachute » qui la transporte au gré du vent.

D'autres modes de reproduction

La plupart des plantes à fleurs se développent à partir de graines, mais certaines se reproduisent par d'autres moyens. Quelques espèces produisent des bulbes, dans lesquels elles emmagasinent la nourriture qui permettra à de nouvelles plantes de pousser. Chaque bulbe se compose de courtes feuilles gonflées, disposées autour d'une tige épaisse.

D'autres types de plantes à fleurs se multiplient en produisant des stolons. Ce sont des tiges rampantes qui se développent à partir de leur tige principale. Les plantes qui poussent à partir de bulbes ou de stolons commencent leur vie réunies à leur plante mère. C'est elle qui leur fournit les nutriments dont elles ont besoin pour survivre et se développer.

Les bulbes

Plusieurs plantes à fleurs, comme les tulipes et certaines espèces de narcisses, poussent à partir d'un bulbe. Quand il fait assez chaud, le bulbe produit une tige. Après un certain temps, une fleur apparaît au bout de cette tige. De nouveaux bulbes, appelés «bulbilles», se développent aussi à côté du bulbe mère. Les bulbes poussent tout au long du printemps et de l'été, mais ils interrompent complètement leur croissance pendant l'hiver.

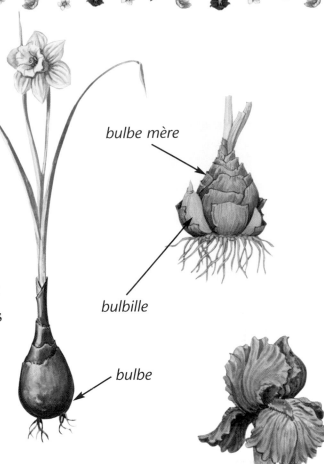

bulbe mère

bulbille

bulbe

Stolons et rhizomes

Certaines plantes à fleurs se reproduisent en s'étendant à la surface du sol, soit par des stolons, soit par des rhizomes. Les stolons sont des tiges fines qui rampent sur le sol et produisent de petites pousses. Ces pousses prennent chez leur plante mère les nutriments dont elles ont besoin en attendant de développer leurs propres tiges et racines. Elles peuvent alors se séparer de la plante mère. Quant aux rhizomes, ce sont des tiges épaisses qui poussent sous la surface du sol, à côté de la plante mère.

fraisiers poussant à partir de stolons

iris poussant à partir d'un rhizome épais

pousses

L'importance des fleurs

Les plantes à fleurs sont importantes pour l'environnement et pour beaucoup d'autres organismes vivants. Elles aident à purifier et à rafraîchir l'air que nous respirons. Elles fournissent aussi de la nourriture aux animaux, en particulier à de nombreux insectes.

De l'air plus pur

Pour fabriquer leur nourriture, les plantes à fleurs utilisent le gaz carbonique contenu dans l'air qui les entoure. Elles contribuent ainsi à purifier l'air puisque ce gaz est toxique pour les humains et les animaux. De plus, elles libèrent de l'oxygène dans l'air au cours de la photosynthèse, ce qui est encore plus important. En effet, l'oxygène est essentiel à la respiration. Puisque ce sont les plantes qui produisent la majeure partie de l'oxygène de la Terre, les humains et les animaux ne pourraient pas survivre sans elles !

L'oxygène dans l'eau

Comme toutes les plantes à fleurs, celles qui vivent dans l'eau produisent de l'oxygène pendant la photosynthèse. L'oxygène ainsi libéré se retrouve presque entièrement dans l'eau qui les entoure. Les animaux qui vivent dans la même eau profitent donc de cet oxygène, qui est essentiel à leur respiration.

Cette grenouille nage au milieu de lentilles d'eau. Ces plantes à fleurs sont parmi les plus petites de la planète.

Des organismes interdépendants

Les fleurs et les insectes dépendent les uns des autres pour leur survie. Les fleurs ont besoin de pollinisateurs, et les insectes ont besoin de nourriture. Au printemps, par exemple, les abeilles ouvrières passent la majeure partie de leur temps à recueillir du nectar et du pollen sur les fleurs. Elles rapportent ensuite ce nectar et ce pollen dans leur ruche pour se nourrir. Elles s'en servent aussi pour faire de la **cire d'abeille**, avec laquelle elles construisent leurs ruches. Sans le nectar et le pollen des fleurs, ces insectes ne pourraient donc pas survivre.

Des fleurs menacées

Les plantes à fleurs sont exposées à de nombreux dangers, par exemple les maladies, les insectes ravageurs et la disparition de leurs habitats. Mais ce sont les humains qui constituent la principale menace pour toutes les plantes. Quand des gens défrichent des terres pour y faire de l'agriculture et de l'élevage, ils détruisent les plantes à fleurs. Et les animaux qui se nourrissent de ces plantes en souffrent aussi.

On voit ici une orchidée qui pousse dans les forêts pluviales. Le cycle de vie des plantes à fleurs comme celle-là ne pourra pas se poursuivre si les endroits où elles poussent et se reproduisent sont complètement transformés.

La disparition des forêts pluviales

Beaucoup de plantes à fleurs ne poussent que dans certains endroits, par exemple dans les forêts pluviales. Quand ces endroits sont détruits, ces plantes sont **menacées**. D'immenses parcelles de forêts pluviales sont brûlées chaque jour pour que les gens puissent agrandir leurs fermes. Des centaines de milliers de plantes à fleurs perdent alors leur habitat. Les scientifiques croient qu'il y a dans ces forêts une multitude d'espèces qu'ils n'ont pas encore découvertes. Certaines pourraient disparaître de la surface de la Terre avant même que nous connaissions leur existence !

Pour en savoir plus

Tu peux aider les fleurs et les autres plantes en cherchant à en savoir plus sur elles. Renseigne-toi sur les plantes indigènes qui sont menacées dans ta région et sur les façons de les protéger. Les plantes indigènes, comme le tournesol qu'on voit à droite, sont celles qui poussent naturellement dans une région donnée. Ces plantes sont bien adaptées à la température, à l'ensoleillement et à la quantité de pluie dans la région où elles vivent.

Un peu de jardinage

Tu peux aussi aider les fleurs en plantant quelques graines dans ton jardin ou sur ta pelouse. Choisis des plantes indigènes qui poussent facilement dans ta région. Évite celles qui ont besoin d'arrosage ou d'engrais. Les engrais sont des substances qu'on ajoute dans le sol pour aider les plantes à pousser.

Tu peux aussi te renseigner sur les pollinisateurs qui se posent sur les plantes pour se nourrir de nectar, comme ce papillon, ou encore pour recueillir du pollen.

Glossaire

angiospermes Plantes produisant une ou plusieurs fleurs qui donneront des fruits

aquatique Se dit d'une plante ou d'un animal qui vit dans l'eau

arbustif Qui forme un petit arbre, ou « arbuste »

bouton Petite fleur qui n'est pas encore développée

cire d'abeille Substance produite par les abeilles, qui s'en servent pour construire leurs ruches

cotylédons Premières feuilles qui sortent de l'embryon d'une plante à fleurs

emmagasiner Garder en réserve

féconder Déposer du pollen sur un ovule pour qu'une graine se forme

gaz carbonique Gaz composé de carbone et d'oxygène, qui est présent dans l'air

germer Commencer à se développer pour former une plantule

maturité État d'une plante adulte qui a complété son développement

menacé Se dit d'un organisme vivant qui risque de disparaître de la Terre

nectar Liquide sucré qu'on retrouve dans de nombreuses fleurs

nutriments Substances dont les organismes vivants ont besoin pour rester en santé

organes reproducteurs Parties d'une plante à fleurs qui servent à produire de nouvelles plantes

ovaire Organe reproducteur femelle

oxygène Gaz présent dans l'air, que les humains, les animaux et les plantes doivent respirer pour vivre

pollen Substance poudreuse produite par les étamines des fleurs

stigmate Partie femelle d'une fleur, sur laquelle le pollen se dépose pendant la pollinisation

Index